宁波市地方标准规范

城市高架桥养护技术规程

Technical specification for maintenance of urban viaduct

DB 3302/T 1083—2017

主编单位:宁波市市政管理处

参编单位:宁波市城市管理研究中心

　　　　　宁波大学

批准单位:宁波市质量技术监督局

施行日期:2017 年 9 月 25 日

浙江工商大学出版社
ZHEJIANG GONGSHANG UNIVERSITY PRESS

图书在版编目(CIP)数据

城市高架桥养护技术规程 / 宁波市质量技术监督局
发布. —杭州：浙江工商大学出版社，2017.10
　ISBN 978-7-5178-2394-0

　Ⅰ. ①城… Ⅱ. ①宁… Ⅲ. ①城市桥－高架桥－保养
－技术规范 Ⅳ. ①U448.155.7－65

中国版本图书馆 CIP 数据核字(2017)第 247954 号

城市高架桥养护技术规程
宁波市质量技术监督局　发布

责任编辑	沈敏丽　张婷婷
封面设计	林朦朦
责任印制	包建辉
出版发行	浙江工商大学出版社
	（杭州市教工路 198 号　邮政编码 310012）
	（E-mail：zjgsupress@163.com)
	（网址：http://www.zjgsupress.com)
	电话：0571-88904980，88831806（传真）
排　　版	杭州朝曦图文设计有限公司
印　　刷	杭州五象印务有限公司
开　　本	850mm×1168mm　1/32
印　　张	1.875
字　　数	47 千
版 印 次	2017 年 10 月第 1 版　2017 年 10 月第 1 次印刷
书　　号	ISBN 978-7-5178-2394-0
定　　价	18.00 元

前　　言

本标准按 GB/T 1.1—2009 给出的规则起草。

本标准由宁波市城市管理局提出并归口。

本标准起草单位：宁波市市政管理处、宁波市城市管理研究中心、宁波大学。

本标准起草人：俞斯达、冯科、邓水源、何天涛、曹燕、唐春燕、陈文金、张洁敏、刘干斌、郑荣跃。

引　言

　　根据宁波市质量技术监督局〔2016〕93 号文件的要求，由宁波市市政管理处、宁波市城市管理研究中心、宁波大学在广泛调查研究、认真总结国内外科研成果及宁波市工程实践经验，以及《城市桥梁养护技术规范》（CJJ99）等规范的基础上，制定本规程。

　　为适应宁波市城市高架建设的发展，保障城市高架的完好、安全、畅通，更好地规范城市高架的养护管理，促进宁波市城市高架的养护维修技术规范化、标准化，提高养护维修技术和管理水平，本规程既注重与相关规范的协调、衔接，又注重结合宁波市城市高架桥养护维修实践，突出了地方特色，体现了客观性、科学性。

目　次

1 范围

本标准规定了城市高架桥养护技术规程的术语和定义,总则,桥梁检测评估,桥面系养护,上部结构养护,下部结构养护,附属设施养护,保洁及混凝土涂装,养护作业安全,突发性事件处理及安全保护,高架桥信息化管理和养护检查及验收。

本标准适用于竣工验收后交付使用的高架桥的养护,不包括轨道交通高架桥。

2 规范性引用文件

下列文件对于本文件的应用是必不可少的。凡是注日期的引用文件,仅所注日期的版本适用于本文件。凡是不注日期的引用文件,其最新版本(包括所有的修改单)适用于本文件。

GB/T 50621 钢结构现场检测技术标准

GB/T 1228 钢结构用高强度大六角头螺栓

GB 5768 道路交通标志和标线

CJJ 2 城市桥梁工程施工与质量验收规范

CJJ 36 城镇道路养护技术规范

CJJ 99 城市桥梁养护技术规范

CJJ/T 233 城市桥梁检测与评定技术规范

GA 182 道路作业交通安全标志

JGJ/T 259 混凝土结构耐久性修复与防护技术规程

JT/T 722 公路桥梁钢结构防腐涂装技术条件

JTG H11 公路桥涵养护规范

JTG/T J21 公路桥梁承载能力检测评定规程

JTG/T J21-01 公路桥梁荷载试验规程

JTG F30 公路水泥混凝土路面施工技术规范

DB3302/T 1015 城市道路清扫保洁质量要求和作业规范

DB3302/T 1069 城市道路养护技术规程

DB3302/T 1082 城市桥梁养护技术规程

3   术语和定义

桥梁标准及下列术语和定义适用于本文件。

3.1   高架桥

通过架空于地面修建的城市道路称为高架道路,其构筑物称为高架桥。

3.2   高架桥状况指数 BCI

以表征高架桥结构的完好程度。

3.3   高架桥管理单元

按构造特点划分的独立受力体系,是高架桥结构用于桥梁技术状态评估的基本单位。

3.4   安全保护区域

高架桥垂直投影面周边规定范围内的水域或者陆域。

3.5   作业控制区

为高架桥养护维修所设置的交通管理区域,分为警告区、上游过渡区、缓冲区、作业区、下游过渡区和终止区六个区域。

3.6   防撞保护装置

用于城市高架桥施工作业以及应急抢险,具有警示、防撞保护功能的装置。

3.7 涂装

结构物表面覆盖的保护层或装饰层。

4 总则

4.1 工作范围

4.1.1 高架桥养护的工作范围应包括桥面系、上部结构、下部结构和附属设施。

4.1.2 附属设施包括声屏障、防眩屏、绿化、防抛网、防撞水箱、隔离墩、隔离栏、排水系统、装饰挂板、照明设施、龙门架等。

4.2 养护要求

4.2.1 高架桥宜采取设施、保洁、绿化等一体化综合养护。

4.2.2 高架桥养护工作按"预防为主,防治结合"的原则,以桥面养护为中心,以承重部件为重点,加强全面养护。

4.2.3 应保持高架桥及其附属设施常年处于良好状态,桥面平整、结构安全、排水畅通、附属设施完好。

4.2.4 高架桥的养护维修应符合下列规定:

a) 高架桥的养护维修作业应以机械化作业为主,并应按附录 A 中表 A.1 的要求配备养护设备;

b) 高架桥的养护部门应备有应急、抢险、救援人员及设备,保证快速清除路障、冰雪,恢复道路畅通;

c) 高架桥上的声屏障、防眩、防撞、照明等设施出现破损、缺失应立即维修、补齐;

d) 高架桥的桥面系、上部结构或下部结构需新增或更换有强度要求的设施时,所采取的连接措施应安全、可靠、耐久。

4.2.5 应定期和不定期对高架桥进行检测,及时掌握设施技术状况及完好状态,针对病害产生的原因采取成熟有效和经济的技术措施。

4.2.6 高架桥应经常保持整洁,无明显污渍、积尘。

4.2.7 高架桥养护应积极采用新材料、新技术、新工艺、新设备。在采用"四新"技术的同时,应具有相应的材料标准、工艺要求、操作规程和验收标准。

4.2.8 在高架桥上增加静荷载(声屏障、龙门架、交通指示牌、绿化、管线等)必须满足国家强制性标准要求,需经原设计单位验算认可,并由市政设施行政管理部门审批后方可设置。

4.2.9 高架桥安全保护区范围应符合宁波市《城市桥梁养护技术规程》相关要求。在保护区内施工作业,应严格按宁波市《城市桥梁养护技术规程》和《宁波市市政设施管理条例》有关规定执行。

4.2.10 高架桥养护工程的检查与验收可按 CJJ 2 执行。

4.3 养护分类分级

4.3.1 高架桥养护根据其养护工程性质划分为保养小修、中修工程和大修工程:

a)保养小修:以保洁、修补轻微损坏为主,使设施保持完好状态;

b)中修工程:设施局部损坏较大,需及时修复以恢复原结构功能;

c)大修工程:设施损坏较大且严重,需及时进行维修加固,以发挥其原有功能作用。

4.3.2 高架桥的技术状况评价应分为五个等级:

a)A 级:完好状态,BCI≥90,应进行日常保养;

b)B 级:良好状态,80≤BCI<90,应进行日常保养和小修;

c)C 级:合格状态,66≤BCI<80,应进行专项检测后保养、小修;

d）D级：不合格状态，50≤BCI＜66，应检测后进行中修或大修工程；

e）E级：危险状态，BCI＜50，应检测评估后进行大修或加固工程。

4.4 养护管理单元划分及编号

4.4.1 高架桥管理单元应按桥跨的结构特征进行划分，并满足以下要求：

a）简支梁桥各跨应单独划分为1个管理单元；

b）连续梁桥的各跨应共同构成1个管理单元；

c）刚架桥的各跨应共同构成1个管理单元；

d）其他桥梁结构应根据上部结构是否连续划分管理单元。

4.4.2 伸缩缝、桥墩、隔音屏等管理编号应符合下列规定：

a）高架桥管理单元应统一编号，编号应便于识别管理单元所在位置；

b）管理单元应沿线路里程方向顺序编号；

c）管理单元编号应具有唯一性，不得重名；

d）新增设高架桥管理单元的编号应与其相连接的原管理单元编号连续；

e）高架桥管理单元编号应编制索引，方便查询。

4.5 养护档案管理

4.5.1 高架桥的养护应包括高架桥及其附属设施的检测评估、养护工程及建立档案资料。

4.5.2 高架桥养管部门必须建立养护档案，并应符合下列规定：

a）高架桥养护档案应以一座高架桥为单位建档；

b）养护档案应包括下列内容：高架桥（含互通立交区、引道）竣工资料、养护资料、检查资料、检测资料等技术文件及相关资料；

    c）养护档案管理工作应逐步实行电子化、数据化，利用多媒体技术，建立信息管理系统、数据库。

5 桥梁检测评估

5.1 一般规定

5.1.1 为保证高架桥的完好、畅通、安全、整洁,应对使用中的高架桥进行检测评估,及时掌握高架桥的基本情况,并采取相应的养护措施。

5.1.2 高架桥的检测评估工作应包括下列内容:

a) 记录高架桥当前状况;

b) 了解车辆和交通量的改变给高架桥设施运行带来的影响;

c) 跟踪结构与材料的使用性能变化;

d) 对高架桥检测结果进行评估;

e) 给管理养护、设计和建设等部门提供反馈信息。

5.1.3 高架桥的技术状态应根据检测结果按 CJJ 99 的规定划分完好状态等级。

5.1.4 高架桥的检测评估应根据检测内容、周期、评估要求划分为经常性检查、常规定期检测、结构定期检测与特殊检测四类。

5.1.5 高架养护管理单位应在常规定期检测的基础上,按 CJJ 99 进行高架桥的技术状况评估,确定其完好状态等级。

5.1.6 高架桥的检测评估除满足本规程相关规定外,还应满足 GB/T 50621、CJJ/T 233 的相关规定。

5.2 经常性检查

5.2.1 经常性检查应分为日常巡查和定期检查。日常巡查应每日巡查桥面系、引道、附属设施 1 次,每 7d 巡查上、下部结构 1 次,每 3d 巡查桥下保护区 1 次。定期检查应每季度至少 1 次进行全桥检查。

5.2.2 经常性检查应由养护管理单位具有桥梁养护经验的技术人员实施,负责人应具有 3 年以上桥梁养护经验,并具有工程师及以上职称,其他技术人员应具有 1 年以上工作经验。经常性检查以目检为主,并应配备常规检测仪器和设备,经常性检查记录及维修报表应根据附录 C 表 C.1 要求进行填写。

5.2.3 日常巡查中发现高架桥重要部位和构件存在明显缺陷和病害时,应立即安排一次定期检查,并及时向管理部门报告。

5.2.4 经常性检查中发现高架桥伸缩装置、井盖松动缺损时应立即设置警示标志,并及时安排维修。

5.2.5 当遇恶劣气候如台风、暴雨、冰冻、大雪等特殊情况时,应适当增加检查频率。

5.3 常规定期检测

5.3.1 常规定期检测负责人应具有 5 年以上养护经验或桥梁工程实践经验,其他技术人员应具有 3 年以上相关经验,并应对每座高架桥制订定期检查计划和实施计划,常规定期检测应每年一次。

5.3.2 常规定期检测宜以目测为主,并应按附录 A 中表 A.2 的要求配备照相机、裂缝观测仪、探查工具及辅助器材等必要的量测仪器和设备。

5.3.3 常规定期检测应包括下列内容:

a) 对照高架桥资料卡的基本情况,现场校核高架桥的基本数据;

b) 记录病害状况,实地判断损坏原因,估计维修范围和方案;

c) 对难以判断其损坏程度和原因的构件,提出做特殊检测的建议;

d) 对损坏严重、危及安全的高架桥,提出限载、限速甚至暂时限制交通的建议;

e) 根据高架桥技术状况,确定下次检测的时间。

5.3.4 常规定期检测应包括下列范围:

a) 桥面系:桥面铺装层、排水系统、伸缩装置、防撞墙等;

b) 上部结构:主梁、横梁、横向联系、挂梁、联结件、预留跳水台、匝道曲线钢箱梁等;

c) 下部结构:支座、墩台、立柱、基础、挡墙等。

5.3.5 高架桥应在桥墩和桥台底部(距路面或常水位0.5m~2m)设置永久性观测点,并在常规定期检测时进行控制测量,观测频率宜为1次/年。观测点编号、位置(距离、标高和地物特征)和竣工测量数据应作为竣工资料归档。

5.3.6 独柱式墩桥梁墩柱的侧向倾角及梁体相对水平位移值应每年测量1次。

5.3.7 根据常规定期检测结果可参照 CJJ 99 中的相关规定对结构状态进行评定分类。

5.3.8 高架桥出现下列任一情况时,可直接评定为 D 级:

a) 预应力梁产生结构裂缝,且缝宽超过表1中规定的限值时;

b) 钢结构主要构件发生严重扭曲、变形、开裂,截面积锈蚀削弱达10%以上;

c) 墩、台出现结构性裂缝,裂缝有开合现象,墩台倾斜、位移、沉降变形危及桥梁安全;

d) 关键部位混凝土压碎或压杆失稳、变形;

e) 支座错位、变形、破损严重,丧失正常支承功能;

f) 上部结构有落梁、脱空趋势,或梁、板断裂;

g) 结构永久变形大于设计规范值;

h）结构刚度达不到设计标准要求；

i）基底冲刷面达 20％以上；

j）承载能力下降达 25％以上（需通过桥梁验算检测得到）。

表 1　结构裂缝限值

结构类别	裂缝部位	允许最大裂缝宽度 mm
钢筋混凝土构件、精轧螺纹钢筋的预应力混凝土构件	A 类（一般环境）	0.20
	B 类（海滨环境）	0.20
	C 类（海水环境）	0.15
	D 类（浸蚀环境）	0.15
采用钢丝和钢绞线的预应力混凝土构件	A 类和 B 类环境	0.10
	C 类和 D 类环境	不允许

5.3.9　高架桥管理单元被评为 D 级或 E 级时应采用影像资料记录病害的严重程度，并提出处理措施或需进一步检测的要求。对被评估为 E 级的高架桥应立即向管理部门和交警部门反映，要求限制交通。

5.3.10　常规定期检测的病害记录、评分及养护维修建议应及时整理、归档，并纳入桥梁信息管理系统。

5.4　结构定期检测

5.4.1　结构定期检测宜 6～8 年一次，关键部位可设仪器监控测试。

5.4.2　结构定期检测应由相应资质的专业单位承担，并应由具有高架桥养护、管理、设计、施工经验的人员参加，主要检测人员应具有 5 年以上桥梁相关专业工作经历。

5.4.3　结构定期检测包括高架桥中评价单元所有结构部位和构件。

5.4.4　结构定期检测应根据高架桥使用年限、交通量、车辆载重、高架桥使用历史、已有技术评定、自然环境及高架桥临时封闭的社会影响制订详细计划,计划应包括采用的测试技术与组织方案并提交管理部门批准。

5.4.5 结构定期检测应包括下列内容:

a)查阅历次检测报告和常规定期检测中提出的建议;

b)根据常规定期检测中高架桥状况评定结果,进行梁体线型、墩柱沉降及结构构件的检测;

c)通过材料取样试验确认材料特性、退化的程度和退化的性质;

d)分析确定退化的原因,以及对结构性能和耐久性的影响;

e)对可能影响结构正常工作的构件,评价其在下一次检测之前的退化情况;

f)检测河道的淤积、冲刷等现象,水位记录;

g)必要时进行荷载试验和分析评估,按 CJJ/T 233 等有关规范和标准执行;

h)通过综合检测评定,确定具有潜在退化可能的高架桥构件,提出相应的养护措施。

5.4.6 结构定期检测应有现场记录,并填写状态评定表、结构缺陷记录表、特殊构件信息表和照片记录表等,主要包括:

a)列出评价单元所有的损坏情况;

b)构件缺陷描述。

5.4.7 所有现场记录资料以及结构检测报告应以电子文档和书面形式在现场调查完后及时提供给管理部门,检测报告应符合 CJJ 99、CJJ/T 233 的相关规定。

5.5 特殊检测

5.5.1 特殊检测应由具有相应资质的专业单位承担,主要检测人员应具有 5 年以上桥梁专业工程师资格。

5.5.2 在下列情况下应进行特殊检测:

a）遭受地震、风灾、火灾、化学剂腐蚀、超重车通过等特殊灾害造成结构损伤时；

b）结构检测中难以判明损坏原因及程度时；

c）为提高或达到设计荷载等级进行修复加固、改建、扩建时；

d）超过设计年限，需延长使用期时；

e）发现构件加速退化需要补充检测时。

5.5.3　实施特殊检测前，检测单位应搜集下列资料：

a）竣工资料；

b）识别和鉴定的主要材料及力学指标；

c）特殊检测的原因，影响结构安全的因素；

d）历年定期检测和特殊检测报告；

e）历年维修资料。

5.5.4　高架桥特殊检测应包括下列内容：

a）结构材料缺损状况诊断；

b）结构整体性能、功能状况评估。

5.5.5　结构缺损材料状况的诊断，应根据材料缺损的类型、位置和检测的要求，选择表面测量、无损检测技术和局部取试样等方法。试样宜在有代表性构件的次要部位获取。检测与评估应依照相应的试验标准进行。

5.5.6　结构整体性能、功能状况评估应根据诊断的构件材料质量及其实际功能评估结构承载能力。当评估"不满足"或"难以确定"时，可用静力荷载方法鉴定结构承载能力，用动力荷载方法测定结构力学性能参数和振动参数。

5.5.7　特殊检测报告应符合 CJJ 99、CJJ/T 233 的相关规定。

5.5.8　对特殊检测结果"不满足要求"的高架桥，在维修加固之前，应采取限载、限速或封闭交通措施，并应继续监测结构变化。

6 桥面系养护

6.1 一般规定

6.1.1 高架桥桥面系养护应包括桥面铺装、伸缩装置等。

6.1.2 桥面系养护维修材料的技术指标不得低于原设计要求。

6.2 沥青混凝土铺装

6.2.1 沥青混凝土面层宜实施预防性养护,对路面早期病害及时处理。

6.2.2 沥青混凝土面层常见病害的维修及质量要求应符合 DB3302/T 1069 的相关规定。

6.2.3 沥青混凝土面层冷却至常温后方可开放交通。遇紧急情况需提前开放交通时,应采取必要的技术措施。

6.2.4 修复沥青混凝土面层不得随意增加面层厚度,严禁用面层覆盖伸缩装置。

6.2.5 排水性沥青路面养护宜加强路面巡查、定期采用机械清扫(真空吸扫)及高压冲洗。

6.2.6 排水性沥青路面的坑槽、裂缝维修可按 DB3302/T 1069 的相关要求执行。

6.2.7 排水性沥青路面剥落的维修应满足下列规定:

a)集料剥落面积较小时,宜采用同类型沥青混合料进行修补;

b)集料剥落面积较大时,应采用原结构、原材料铣刨加罩等修补工艺。

6.3 水泥混凝土铺装

6.3.1 水泥混凝土铺装破损导致沥青混凝土面层损坏时，应先修复水泥混凝土铺装再修复沥青混凝土面层。

6.3.2 水泥混凝土铺装出现缝宽小于 3mm 的轻微裂缝，可采用环氧树脂或其他黏结材料处治。对缝宽超过 3mm 的裂缝可采用挖补方法全深度补块。

6.3.3 清除混凝土旧铺装时应避免损坏钢筋。钢筋截面积损失 10% 以上时应予以补筋。

6.3.4 混凝土铺装局部翻修施工应按 JTG F30 中的相关规定执行。

6.3.5 混凝土铺装的维修质量应满足表 2 的要求。

表 2　混凝土铺装层修补质量要求

项目	规定值及允许偏差	检验方法
切割、凿边	切割整齐，四周修凿垂直不斜，杂物清除彻底	目测
铺筑	a) 面层厚度-1mm，+2mm b) 表面粗细均匀，无细裂缝	用尺量 目测
接边	a) 接边平整、密实，无松散 b) 不高于周边混凝土	目测
强度	开放交通时，须达到设计强度的 80%	试件检验

6.4 防水层

6.4.1 高架桥存在渗水问题时，应在排除排水设施病害后，及时对桥面防水层实施维修。

6.4.2 桥面防水层修复宜结合沥青混凝土面层修复实施，短期无法修复时应先铺筑沥青上封层。

6.4.3 沥青混凝土面层铣刨导致防水层损伤时，应先修复防水层再恢复沥青混凝土面层。

6.4.4 采取防水涂料修复时,涂刷厚度应均匀一致,每道涂层涂刷完毕,必须待其干燥结膜后,再进行下道涂层的施工。

6.4.5 防水混凝土结构层的修复可按 CJJ 99 的相关规定执行。

6.4.6 防水层的修复可按照原设计进行,也可采用新型防水设计及工艺。新型防水层应综合考虑工况条件、可操作性、耐久性等实际情况选用。

6.5 伸缩装置

6.5.1 伸缩装置的养护应符合下列规定:

a) 伸缩装置应平整顺直、牢固完整、无破损、伸缩功能正常,处于良好的工作状态,混凝土保护带应完好无损;

b) 应定期清理伸缩缝,宜为每月 1 次;

c) 型钢类伸缩装置密封橡胶带(止水带)损坏后应及时更换。密封橡胶带的选择,应满足原设计的规格和性能要求;

d) 型钢类伸缩装置的型钢开焊、翘曲和脱落时,应及时补焊;

e) 梳齿型伸缩装置出现变形、松动、断裂或异常伸缩时,应及时更换。固定螺栓应定期检查,发现松动应及时拧紧;

f) 伸缩装置出现损坏而无法修复时,宜选用同类型伸缩装置产品进行整体更换。

6.5.2 伸缩装置保护带应完好,有开裂、松散、坑洞等病害的保护带应及时修复。

6.5.3 在每年气温最高、最低时,应及时测量伸缩装置的间隙,且不得小于设计最小间距和大于设计最大间距。

6.5.4 每季度宜对伸缩装置的水平错位、竖向升降进行观测。固定在不同结构上的伸缩装置相对高差不应大于 3mm。

7　上部结构养护

7.1　一般规定

7.1.1　上部结构包括主梁、横梁、横向联系等。

7.1.2　在高架桥上通行的车辆,应符合限载要求,不允许超重车辆通行。超重车辆通行后,应及时进行检查,必要时应进行检测。

7.1.3　上部结构养护可按宁波市《城市桥梁养护技术规程》规定的相关要求执行,并符合 7.2～7.4 的要求。

7.2　预应力混凝土梁

7.2.1　预应力混凝土梁应每年进行一次结构裂缝和表面温度裂缝观测。结构裂缝应重点检查受拉、受剪区域,表面温度裂缝应重点检查构件的较大面。

7.2.2　预应力混凝土梁构件裂缝宽度在允许值内(≤0.2mm),应对裂缝进行封闭处理;当裂缝宽度大于允许值时,应对梁构件进一步检查以确定处理方案。

7.2.3　预应力混凝土构件受压区一旦发现裂缝,应立即封闭交通,严禁车辆桥上、下通行,并委托相应资质的检测部门进行梁构件可靠性评估,判别裂缝的危害程度,提出相应的处理措施;预应力混凝土构件受拉区出现结构性裂缝,应进行裂缝危害性评估,确定处理措施。

7.2.4　预应力混凝土梁构件发生混凝土剥落、露筋等现象时,应及时清除钢筋锈迹,凿去表面松动的混凝土后进行修补。对损坏面积较大的结构,凿除混凝土后不得明显降低结构的承载力,必要时宜采用分批修补。

7.2.5 当预应力混凝土梁封锚端混凝土出现裂缝、剥落、渗漏、穿孔,预应力锚具暴露时,应及时对预应力锚具刷防锈漆,重做封锚端混凝土。

7.2.6 预应力混凝土梁构件出现明显损伤或产生明显变形、移位时,应根据检测评估结果进行设计和修复。

7.2.7 预应力混凝土主梁挠度超过规定允许值时,应进行结构评估,并提出加固措施。

7.2.8 预应力混凝土梁加固可采用下列方法:

a) 横向联系损伤导致各构件不能共同受力时,应对横向联系进行修复、加固,必要时进行桥面补强;

b) 梁的刚度、强度、稳定性及抗裂性不足时,可采用加大结构断面尺寸或增加钢筋数量等方法进行加固,加大断面及增加配筋数量应根据计算确定;

c) 采用体外预应力补强加固。

7.3 钢结构梁

7.3.1 钢结构应做好养护工作,每年进行一次保养。

7.3.2 对有裂纹及表面脱落的构件,应观察其发展情况,做出明显的标记,注明日期,必要时应补焊或更换。

7.3.3 钢结构梁的刚度、强度和稳定性应符合设计要求,对承载能力或刚度低于限值、结构不良的钢结构,应进行维修或加固。

7.3.4 钢结构梁的除锈涂装:

a) 钢结构梁现场除锈可采用喷砂、低表处理、风动打磨和手工除锈等方法;

b) 钢构件表面除锈方法和等级应符合 GB 8923 的规定;

c) 钢结构、钢梁、钢栏杆等应进行保护涂装,涂料及涂层厚度均应符合设计要求。

7.3.5 钢结构外观应保持清洁,冬季应及时除冰雪。排水系统应保持畅通,桥面铺装无坑洼积水现象。

7.3.6 钢梁横向弯曲超过跨度 1/1000,应及时进行整修、加固或更换。

7.3.7 钢梁有下列状态之一时,应及时维修:

a)桁腹杆铆接接头处裂缝长度超过 50mm;

b)下承式横梁与纵梁连接处下端裂缝长度超过 50mm;

c)受拉翼缘焊接一端裂缝长度超过 20mm;

d)主梁、纵横梁受拉翼缘边裂缝长度超过 5mm,焊缝处裂缝长度超过 10mm;

e)纵梁上翼缘角钢裂缝;

f)主桁节点和板拼接接头铆栓失效率大于 10%;

g)主桁构件、板梁结合铆钉松动连续 5 个及以上;

h)纵横梁连接铆钉松动;

i)纵梁受压翼缘、上承板梁主梁上翼缘板件断面削弱大于 20%;

j)箱梁焊缝开裂长度超过 20mm。

7.3.8 新换钢梁或加固杆件的组拼应符合下列规定:

a)组拼板件应采用螺栓均匀拧紧,板件密贴,边缘用0.3mm 插片,深入长度不得大于 20mm;

b)组拼杆件应在无活载情况下进行,并不应少于 1/3 的孔眼安装螺栓及冲钉,其中 2/3 为冲钉,1/3 为螺栓;

c)无活载情况下铆合时,应每隔 2 个钉孔装一个螺栓,螺栓间距不得超过 400mm,必要时应每隔 1 个钉孔装一个螺栓,每组孔眼应打入 10% 的冲钉;

d)栓接梁使用的高强螺栓、螺母及垫圈应符合 GB/T 1228 的规定,并应附有出厂合格证。

7.3.9 在有活载情况下更换铆钉时,应拆除一个铆钉,同时上紧一个螺栓,必要时可使用不超过 30% 的冲钉。严禁使用锛斧和大锤铲除钉头。对结构承载力至关重要的构件在更换铆钉时,应禁止车辆通行。

7.3.10 对栓接梁、全焊梁,当在焊缝及附近钢材上发现裂缝时,可根据裂缝的位置、性质、大小及数量,采取下列相应措施:

a) 在裂缝的尖端钻圆孔,孔径宜与钢板厚度相等,且不得超过 32mm;

b) 采用高强螺栓连接加固,加固前裂缝尖端处应钻孔;

c) 抽换杆件或换梁。

7.4 钢-混凝土组合梁

钢-混凝土组合梁中钢结构及混凝土桥面板的检查、保养及维修除应符合 7.2、7.3 的规定外,还应重点检查以下病害:

a) 剪力键周边混凝土碎裂;

b) 混凝土板开裂渗水;

c) 结构变形与下挠超过限值。

8 下部结构养护

8.1 一般规定

8.1.1 高架桥下部结构包括支座、墩台、基础、挡墙等。

8.1.2 当墩台裂缝超过表 3 限值时,应查明原因,根据损坏类型及程度,采取相应的技术措施进行维修处治。

表 3 墩台裂缝限值

裂缝部位		允许裂缝最大宽度 mm	其他要求
墩台帽		0.30	
经常受浸蚀性环境水影响	有筋	0.20	
	无筋	0.30	不允许贯通墩台身截面的 50%
常年有水,但无浸蚀性影响	有筋	0.25	
	无筋	0.35	不允许贯通墩台身截面的 50%
干沟或季节性有水河流		0.40	不允许贯通墩台身截面的 50%
有冻结作用部分		0.20	

8.2 支座

8.2.1 高架桥支座应定期检查和保养,并应符合下列规定:

a)支座应保持完整、有效、梁跨活动自由,每年应检查保养一次;

b)支座外露金属面应每两年涂漆防锈一次;

c)固定支座垫板应保持平整、紧密、锚栓牢固,检查并拧紧。

垫石不应开裂、积水、积污；

d) 板式橡胶支座恒载产生的剪切位移应在设计范围内，剪切角不应大于35°；支座压缩变形不得超过橡胶厚度的15％；进行清洁和修补工作时，应防止橡胶支座与油脂接触；

e) 盆式支座的钢件不得有裂纹、变形、脱焊、锈蚀，滑板不得有磨损过量；支座的位移、转角不得超限；螺栓不得有剪切破坏，螺母不得松动。

8.2.2 支座座板翘起、扭曲、断裂，垫石被压坏、剥离、掉角，支座滚动面不平整、固定锚销剪断、轴承有裂纹切口、辊轴大小不适合、混凝土摆柱出现严重开裂或歪斜，应予以更换或补充。

8.2.3 板式橡胶支座发生脱空或不均匀压缩变形、过大剪切变形、中间钢板外露、橡胶老化开裂时，应予以更换或补充。

8.3 墩台

8.3.1 墩台应保持清洁，日常养护应符合以下规定：

a) 圬工砌体表面灰缝脱落时应重新勾缝；表面部分严重风化和损坏时应清除损坏部分后用与原结构物相同的材料补砌；

b) 当混凝土表面发生侵蚀剥落、蜂窝麻面等病害时，应及时将其周围凿毛洗净，用水泥砂浆抹平；

c) 桥台顶面未设流水坡或坡面凹凸不平，宜用聚合物类材料或混凝土填补，并做成横向坡度以利排水；

d) 当立交桥墩靠近机动车道时，应在桥墩周边安装防护设施；

e) 对设置的防撞、警示等附属设施应经常维护，保持良好的状态；

f) 锥坡应保持完好，锥坡开裂、沉陷、受洪水冲空时，应及时采取措施进行维修加固；

g) 翼墙出现下沉、断裂或其他损坏时，应及时维修加固。

8.3.2 墩台身开裂宜采用以下方法修复：

a）墩台身裂缝宽度小于 0.2mm 时应涂刷水玻璃或环氧树脂封闭处理；

b）墩台身裂缝宽度介于 0.2mm～0.5mm 间时宜采用压力注浆法灌缝修复；

c）墩台身裂缝宽度超过 0.5mm 时应实施专项维修设计与施工；

d）墩台身存在贯通的竖向裂缝应采用钢筋混凝土围带或钢箍等加固。

8.3.3 发现墩台沉降或偏斜、墩台与周边路面接缝处开裂，应查明病害原因，并采取针对性的维修措施。

8.3.4 桥台台背出现明显下沉，导致搭板脱空、桥头跳车、挡墙开裂，应及时修复，修复方法可采用破除重修、压力注浆法等。

8.3.5 独柱墩桥移交前应由具有相应资质的设计单位在最不利荷载工况下进行验算，对抗倾覆性不足的独柱墩桥必须进行加固、改造，并进行桥梁特殊检测和立柱倾斜监测。

8.4 基础

8.4.1 高架桥基础日常养护应符合下列规定：

a）跨河桥梁上下游 200m 范围内河床应稳定，不得在河床内建构筑物和挖砂、取土、采石、倾倒废弃物；

b）若基础冲刷过深或基底局部掏空，应立即抛填块石、片石、铅丝笼等进行维护；

c）桥下河床铺砌出现局部损坏时，可补砌或采用混凝土修补。

8.4.2 当出现高架桥基础局部被掏空、地基承载力不足等病害时，应进行维修加固专项设计，并经专家论证后方可实施。

9 附属设施养护

9.1 一般规定

9.1.1 附属设施应保持表面整洁、功能齐备、牢固可靠。各种箱盖应完好、无缺损。照明及标志牌等附属设施的立柱应竖直并稳定。

9.1.2 指示标牌应完整、有效,不得误挂和缺失,缺失后应立即恢复。

9.1.3 固定设置的附属设施应与主体结构连接牢固。采用锚固螺栓连接时,螺栓数量、布置及长度应满足结构构造、强度和刚度的要求。

9.1.4 非永久性的附属设施应牢固可靠,符合设计要求,且不妨碍道路安全。

9.1.5 附属设施损坏应及时修复,并不得低于原设计标准。

9.1.6 照明设施的养护应按相应国家标准执行。

9.2 排水设施

9.2.1 雨水口和泄水管应定期清捞、疏通,频率为每月一次。

9.2.2 雨水口、泄水管发生破裂、缺损时,应及时更换。

9.2.3 泄水管、排水槽雨季前应全面检查、疏通,跨河高架桥泄水管下端露出长度应≥10cm,立交桥泄水管出口不宜高出地面20cm或直接接入雨水系统,除泄水管排水外,其他地方不得往桥下排水。

9.3　防撞墙

防撞墙养护应符合下列规定：

a）防撞墙混凝土裂缝大于 3mm 小于 5mm，可灌缝封闭；

b）表面露筋、钢筋未变形、拉断的，可做防腐处理后，用水泥砂浆修补；

c）防撞墙混凝土裂缝大于 5mm，可清除被撞坏的混凝土，重新浇筑混凝土。

9.4　防眩屏

9.4.1　防眩屏应重点检查以下病害：

a）螺栓、螺帽松动，底座钢板缺损、倾斜；

b）防眩板变形、断裂、油漆剥落、锈蚀；

c）桥面伸缩装置处的底座钢板未断开。

9.4.2　防眩屏应完好、清洁，具有良好防眩效果。

9.4.3　防眩屏与墙体结构的连接应垂直、牢固，锚固螺栓松动或缺失应旋紧或补齐。

9.4.4　防眩屏构件损坏应及时修复、更换。

9.5　声屏障

9.5.1　新建声屏障应进行技术状况检测、承载能力试验以及结构验算等。

9.5.2　声屏障检测应包括以下内容：

a）支撑立柱的锚固螺栓松动或断裂，螺帽缺失，底座垫片脱离；

b）立柱倾斜、松动，立柱下方防撞墙混凝土开裂破碎；

c）吸声屏中填充的离心玻璃纤维棉外露；

d）隔音屏撑杆、插销、卡簧的损坏、脱落、松动，窗框、窗扇连接松动或破损；

e）罩板损坏、嵌条垂挂及塑面褪色；

f）钢构件锈蚀；

g）防坠落绳安装质量及是否锈断。

9.5.3 声屏障的维护保养应包括以下内容：

a）纠正倾斜的立柱并紧固锚固螺栓；

b）调整屏体及其支撑件，恢复缺失的屏体，对已失效的支撑件进行更换；

c）对松动、缺损的上下罩板予以紧固和补缺；

d）更换油漆脱落、龟裂、锈蚀严重的立柱及屏体；

e）更换破损的屏体窗扇五金件（如铰链、撑杆、插销等）；

f）修补和更换松动、开裂、破损的玻璃屏体及窗扇玻璃；

g）修补和更换出现老化开裂、缩短、脱落现象的窗扇密封胶和密封条；

h）修补和更换存在翘裂、松动的玻璃压条。

9.5.4 更换吸音屏板时，应确保防坠落钢丝绳串扣、锁扣的长度放有一定的余量。

9.5.5 跨伸缩装置的声屏障上下罩板应满足结构在不同温度下自由伸缩的需要，并应确保屏体不从两侧立柱间脱落。

9.5.6 更换或增设声屏障时，声屏障与防撞墙结构的连接应垂直、稳固。

9.5.7 防坠落钢丝绳应用锁扣固定，并与立柱相连。

9.5.8 声屏障锚固螺栓数量不足需增设螺栓时应先在防撞墙顶部钻孔，用钢板拼焊底座，再种植螺栓，锚固钢板。

9.5.9 声屏障骨架缺损变形应予以拆除，并用不低于原设计标准的新声屏障替换。

9.5.10 遇台风过境应提前检查声屏障连接件、吸音屏定位件是否完好，并予以固定。发现构件缺失、损坏的应及时补齐、修复或更换。

9.6 防抛网

9.6.1 防抛网应保持完好,无变形、破损、锈蚀,每季度检查一次。

9.6.2 防抛网的撑架、螺栓连接件及基础应完好,发现撑架变形、螺栓松动或基础混凝土碎裂应及时更换、紧固或补强。

9.7 防撞设施

9.7.1 防撞水箱应每 3 个捆成 1 组,放置于下匝道或立交分道口斑马线上,距离道口防撞墙应不超过 2m。

9.7.2 防撞水箱应外观整洁、位置正确、反光膜醒目,反光膜失效应及时更换。防撞水箱内水袋堆积量应达体积的 90%,水袋缺失应及时补充。

9.7.3 防撞水箱移位应及时复原,被撞损应及时更换。

9.8 绿化

9.8.1 高架桥绿化应符合景观要求,并执行有关国家绿化植被技术规范。

9.8.2 高架桥上安装的花盆支架及连接件必须牢固可靠,无开裂、脱焊、松动、锈蚀。支架和连接件应定期涂刷油漆。

9.8.3 绿化植株的枝叶应及时剪截,避免垂挂遮挡交通标志、妨碍行车视线、伸入防撞墙内部或妨碍日常养护和检测。

9.8.4 花盆、花架及挂件应做好保洁工作,使表面基本无污垢。

9.8.5 垂直绿化高度不得侵入梁、支座界限。

9.9 引道与挡土墙

9.9.1 引道与挡土墙应保持外观整洁、排水通畅。

9.9.2 引道与挡土墙新建部分的结构强度不得低于原结

构的强度标准,且应满足当前道路安全使用的需要。

9.9.3 引道应重点检查以下病害:

a)挡土墙表面开裂;

b)挡土墙不均匀沉降变形;

c)挡土墙外倾或局部鼓胀;

d)桥面与引道路面衔接不平顺,导致跳车;

e)引道路面沉陷、坑塘或开裂;

f)道路排水不良。

9.9.4 挡土墙开裂时,应先查明原因,再按下列要求进行处理:

a)非结构裂缝宜封闭处理,可涂刷水玻璃或环氧树脂;

b)由于填土压力导致挡土墙开裂时应先更换填土,再对挡土墙进行维修加固。

9.9.5 排水不良导致引道或挡土墙渗水时,应检查排水系统,并疏通管道。

9.9.6 挡土墙沉降缝、变形缝破坏时,应及时判明原因,并进行针对性的修复。

9.9.7 挡土墙外倾或推移时,应根据具体情况及时开展相应修复工作。

9.9.8 引道出现沉降、车辙等病害时,宜采用铣刨加罩方式修复。当引道和高架桥结构沉降差≥10 mm 时,应及时采取相应的养护措施。

9.9.9 引道出现基础沉陷或流失开裂时,应先更换填基础,再恢复路面,并做好防水措施。

10 保洁及混凝土涂装

10.1 一般规定

10.1.1 高架桥保洁的范围包括路面(含引道及互通立交)、结构涂装层及高架附属设施外表面。

10.1.2 高架桥桥面应常年保持清洁,沟底无尘泥,无垃圾堆积,桥面无明显杂物。雨后无淤结、泥带、积水。

10.1.3 附属设施应保持清洁,混凝土结构涂装层表面应无尘垢,伸缩缝内应无杂物嵌入。

10.1.4 高架桥结构和设施保洁应利用交通量最小的时段,采取封闭高架桥局部路段循环保洁的方式。

10.1.5 桥面保洁可按 DB3302/T 1015 执行。

10.2 声屏障保洁

10.2.1 声屏障应每月保洁一次,保洁应采用高压冲水车冲洗和人工擦洗配合实施。

10.2.2 声屏障人工清洗应使用中性洗涤剂对上下屏体、立柱、玻璃进行擦拭。

10.2.3 声屏障保洁后应清扫路面污渍和积水。

10.2.4 声屏障保洁应达到以下质量要求:

a) 声屏障表面无积尘、污渍;

b) 玻璃部分透明光亮。

10.3 其他设施保洁

10.3.1 防撞墙应每月保洁一次,保洁应保证构件四周全部擦洗到位。

10.3.2 防撞水箱保洁应采取人工擦洗或机械冲洗的方法进行,并及时纠正水箱偏位。

10.3.3 防眩屏采用人工保洁时要防止用力过度而影响其垂直度,采用机械冲洗时要检查、纠正其垂直度。

10.4 混凝土涂装

10.4.1 混凝土涂装应涂布均匀,表面光滑、平整,不得有针孔、明显流挂、皱皮、漏涂、明显色差等弊病。

10.4.2 混凝土涂装应重点检查以下病害:

a) 涂装表面积尘、污渍;

b) 涂装起皮、剥落、粉化。

10.4.3 涂层表面破损或涂层松动起皮时,应将涂层破损区域打磨清底,再重新涂装。涂层表面处理面积应略大于实际破损面积,并呈规则形状。

11 养护作业安全

11.1 一般规定

11.1.1 高架桥的日常巡查、检测、维修等养护作业应做好安全防护工作,确保作业人员、行人、车辆的安全。

11.1.2 养护作业现场应设置明显标志并采取其他必要的安全措施,严防坠落物和飞溅物对下方行人及车辆造成伤害。

11.1.3 交通导改、高空作业安全、攀登作业安全、用电作业安全、桥梁检测车安全应符合宁波市《城市桥梁养护技术规程》的相关规定。

11.1.4 养护作业前应编制高架桥施工期间交通安全专项方案。

11.2 人员安全管理

11.2.1 养护单位应配备专职的安全员及封道人员,分别负责养护作业现场的安全监督和封道点的交通疏导。

11.2.2 养护作业人员应规范着装,统一穿戴具有反光功能的安全标志服、安全帽,以及其他必要的安全防护装备。高空作业必须系安全带。

11.2.3 养护作业人员不得随意进出作业控制区,或将施工机具和材料放置于作业控制区外,也不得随意变更或扩大作业控制区。在不设作业控制区的地方作业时,应最大限度减少对交通的影响。

11.2.4 在桥梁外作业时,必须设置悬挂式吊篮等防护设施,作业人员必须系安全带。

11.2.5 养护作业人员应具有操作相应设备和从事相关工作的资格证书,并定期接受安全教育和技术培训。

11.3 养护安全设施

11.3.1 养护维修作业使用的各类标志应完好、醒目,其材料、颜色、规格及施用应符合 GB 5768(所有部分) 的相关规定。

11.3.2 养护作业车辆应采用醒目的黄色面漆,并配备黄色施工警告灯。

11.3.3 应按移动养护作业要求布设和撤除养护安全设施。

11.3.4 安全设施布设顺序应从警告区开始,向终止区推进,确保摆放的安全设施清晰可见。撤除顺序应与布设顺序相反,但警告区标志的撤除顺序应与布设顺序相同。

11.3.5 除在养护维修作业的道路主线设置施工提示标志外,在距离养护维修作业区 2km 以内的入口匝道端头处均应设置前方作业提示标志。

11.3.6 养护作业时应在高架桥可变情报板上显示封闭车道施工的信息,且应在施工区上游含有 2 个以上互通立交或匝道路段范围显示。

11.3.7 机械移动作业时,作业车辆应开启警示灯或导向箭指牌,不得逆向行驶、调头或随意变道和倒车。

11.3.8 养护作业时,应在缓冲区内每车道设置一辆防撞缓冲车或移动式标志车,作业时应开启警示灯、闪烁箭头灯和语音提示设施(必要时)。

11.3.9 养护作业完成后,应及时撤除临时性交通标志、隔离设施等安全设施。设置和撤除交通锥时,宜使用机械装置。

11.4 封道作业

11.4.1 设置作业控制区时应顺着交通流方向布设交通安

全标志。

11.4.2 封道作业应针对半封闭交通作业与全封闭交通作业两类情况分别处置。半封闭交通作业占用部分车道,允许车辆从作业区旁边的车道限速通行。全封闭交通作业占用作业路段的全部车道,不允许车辆在该路段通行。

11.4.3 半封闭交通作业时,安全保护区应布置为六个区域,按行车方向顺序为警告区、上游过渡区、缓冲区、作业区、下游过渡区、终止区(如图1所示):

a) 警告区的长度不宜小于 1000m,并应在警告区的起点设置限速标志,限速 30km/h。当警告区段长度无法满足最小长度要求时,警告区的限速标志宜置于临近施工路段匝道的起点处;

b) 上游过渡区的长度应符合表 4 的规定;

c) 缓冲区的长度设置应符合表 5 的规定,缓冲区与上游过渡区内应设防撞措施;

d) 在安全保护区(除警告区外)内,应在作业控制区靠行车道一侧设置防护与隔离措施,锥形交通路标在上游过渡区内间距应为 1m,在其他区域内的间距应为 2m,作业区下游末端应设置人员、机具、材料等的出入口;

e) 下游过渡区和终止区是供车辆驶离作业控制区恢复正常车道行驶的变换区间。下游过渡区长度应不少于 30m,终止区长度应不少于 30m。在终止区的起点,应设置取消限速标志。

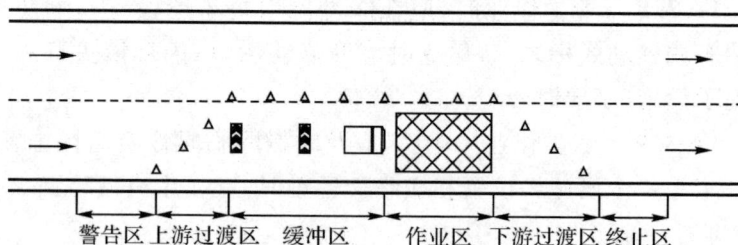

图 1　半封闭交通安全保护区布置示意图

表 4　上游过渡区长度

限制车速 km/h	上游过渡区长度 m			
	关闭单车道	关闭双车道	关闭三车道	关闭四车道
20	15	25	35	40
30	20	50	70	90
40	40	80	120	160

表 5　缓冲区长度

限制车速 km/h	缓冲区长度 m
20	20
30	35
40	50

11.4.4　全封闭交通时应采取以下安全保护措施：

a）全封闭交通应按图 2 设置安全保护区，各区域的长度应满足 11.4.3 的相关规定，对四车道以上的情况应适当延长各区域的长度；

b）在作业区前方的上引道和下引道入口处应设置指示"前方施工，车辆禁入"等内容的标志并布置纠察，引导车辆改走地面道路或周边高架桥。

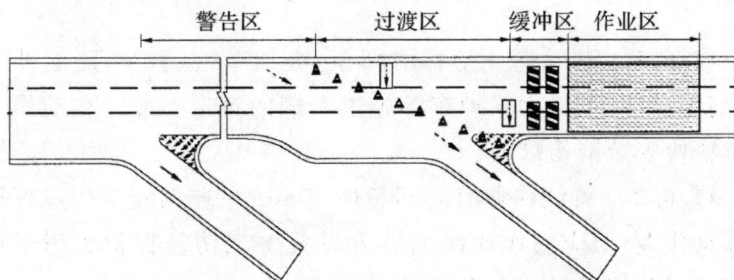

图 2　全封闭交通安全保护区布置示意图

11.5 临时定点作业

11.5.1 临时定点养护维修作业的时间不得超过 2h。

11.5.2 临时定点养护维修作业宜按图 3 设置安全保护区。各区域的长度应满足 12.4.2 的相关规定。

11.5.3 受条件限制需简化作业区布置时,应设置锥形交通路标,并在缓冲区内设置具有防撞减震功能的车辆、移动式标志车或封道车。

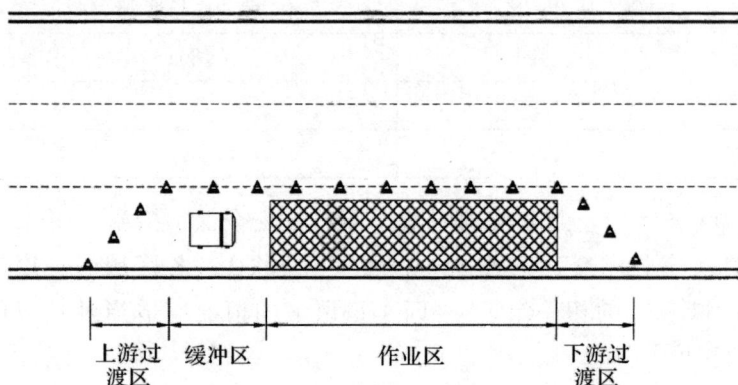

图 3 临时定点养护安全保护区布置示意图

11.6 移 动 作 业

11.6.1 移动作业是指清扫车、吸扫车、牵引车、路面冲洗车、高压冲洗车、绿化养护车等施工车辆的行走作业。移动作业的车辆应安装箭指灯牌。

11.6.2 持续作业时间不超过 30min 的临时定点作业可视为移动作业,但应在作业区的后方设置 1 辆防撞保护车用于作业保护。防撞保护车与作业车间应设置长度不少于 20m 的缓冲区。

11.6.3 移动作业车辆的随车人员在作业时应遵守以下

规定：

    a）随车人员不得随意下车；

    b）必须下车作业时，作业人员应在车辆前方内侧作业。人员向前移动时，施工车辆应伴随向前移动，确保施工作业保护空间。

12 突发性事件处理及安全保护

12.1 一般规定

12.1.1 为了应对异常气候（雾天、冰雪、台风、暴雨等）造成的险情，管理单位应做好以下准备工作：

a）完善应急预案，健全各级防灾组织并明确各自职责；

b）定期组织开展应急演练和全员培训。

12.1.2 应建立与灾害防治相配套的防灾抢险指挥系统和抢险组织联络网。联络网应覆盖相关抗灾、防灾领导组织以及交警、消防、气象等相关单位。

12.1.3 抗灾抢险专用仓库应设施完善，用于抗灾抢险及疏通交通的物资应储备充足，并建立相应的台账。数量大、不宜多存的物资应事先联系好定点供应商，确保发生突发性事故和灾害时及时供应。

12.1.4 发生异常气候或突发性事件时，应根据灾害类型，按事先制订的应急预案开展排障、清理、抢险等各类救灾工作。

12.1.5 发生车辆故障、翻车、货物散落时，养护管理部门应配合交警等相关部门及时赶赴现场进行处理，并清理事故现场、修复损毁设施。

12.1.6 异常气候或突发性事件过后，养护管理部门应迅速组织人力对结构进行检查，及时清除障碍物，修复损坏的设施。

12.2 异常气候

12.2.1 雾天应在交通情报板上显示"雾天慢行"及限速

要求。

12.2.2　冰雪天应采取以下应对措施：

a）及时更新应急预案,明确应对冰雪天的指挥系统、抢险组织联络网,落实应急队伍、应急物资和应急设备：

1）应急队伍应包括人工除冰的施工人员和抢险设备的操作人员等；

2）应急物资应包括扫帚、铁铺、铁锹、草包、手套、雨衣、融雪剂等；

3）应急设备应包括清扫车、封道车、吊车等。

b）路面积雪时应开展扫雪作业：

1）应动用清扫车对高架主线、上下匝道的积雪进行循环清扫；

2）扫雪方向应与行车方向一致,清扫车速应控制在5km/h。清扫宜采取先匝道后主线的方法,并首先确保在每一方向至少有1条车道畅通。

c）当气温低于0℃,降雪量较大、路面开始结冰、道路通行条件趋于恶化时,应采取封道等措施。

12.2.3　暴雨及台风天气来临前应做好各项防汛抗台的准备工作,疏通排水系统,检查和加固声屏障、防眩屏、龙门架等附属设施。台风来临时,应及时在信息情报板发布警告信息,应采取限速,必要时采取封桥措施。

12.3　突发事件及处理

12.3.1　应针对高架桥上发生的车辆相撞、倾覆、自燃、火灾、腐蚀性物质泄漏等突发事件并造成高架设施损坏的情况,制订相应的紧急抢险、救援等应急预案。

12.3.2　发生突发性事故时,应立即按相关应急预案所规定的处理程序通知各有关单位和设备及时赶赴事故现场,排除事故。

12.3.3 应及时总结各类突发性事故的处置经验,对应急预案进行补充和完善,对无预案的突发性事件,应在事故处置结束后及时制订相应预案。

12.3.4 养护管理部门应建立应对突发性事故的救援系统,其主要任务应包括:

a) 对发生故障的车辆提供援助,帮助陷于困境的人员脱离险境;

b) 提供车辆牵引等紧急服务;

c) 迅速清除因突发事故散布于车道上的各种障碍物和污染物;

d) 及时组织检查和抢修因突发事故而损坏的设施、设备,并尽早恢复其应有功能。

12.4 安全保护区

12.4.1 在高架桥安全保护区内从事下列作业行为的,应加强施工作业管理:

a) 河道疏浚、河道挖掘等施工作业;

b) 桩基施工、修建地下构筑物、盾构施工、地下管线施工、爆破、基坑开挖、降水施工等;

c) 大面积堆载、卸载作业;

d) 其他可能损害高架桥的工程作业。

12.4.2 基坑、桩基工程作业时,应按宁波市《城市桥梁养护技术规程》的规定确定安全保护区范围。

12.4.3 河道疏浚时,高架桥安全保护区范围为河道上下游(桥梁外边线两侧)各 30m。

12.4.4 爆破作业时,高架桥梁安全保护区范围为桥梁周边 200m。

12.4.5 大面积堆载、卸载作业时,安全保护区范围为桥梁垂直投影面周边 50m。

12.4.6 在安全保护区域作业的,建设单位应在施工前向城市桥梁养护管理部门提出申请。养护管理部门应参与城市桥梁安全保护设计方案和第三方监测方案和论证,并应与建设单位签订城市高架安全保护协议。

12.4.7 建设单位应按高架桥安全保护设计方案和城市桥梁安全保护协议施工,对可能影响高架桥安全的,应采取加固措施,并应委托具有相应资质的专业检测单位进行检测,检测报告应报送城市高架养护管理部门。

12.4.8 施工作业期间,建设单位应委托有相应资质的第三方专业检测单位对高架桥进行动态监测,并定期向高架桥养护管理部门报告桥梁的动态。

12.4.9 养护管理部门应编制监管方案,发现桥梁安全隐患应及时做出处置。

13 高架桥信息化管理

13.1 一般规定

13.1.1 信息与资料管理应涵盖以下内容：

a）静态数据，包括：

　1）识别信息，含高架桥管理单元编号、桥梁类型、所在位置、起点墩号、终点墩号、桥梁照片；

　2）设计与施工信息，含建设单位、管理单位、设计单位、施工单位、监理单位、开工日期、竣工日期；

　3）结构信息，含单元总长、桥梁平面线形/半径、结构形式、材料类型、总跨数、最大纵坡、最大横坡、全宽、桥面布置、车道数、竣工图纸；

　4）上、下部结构的具体信息；

　5）附属设施信息，包括防撞墙、隔离墩、声屏障、防眩屏等的规格、材料等。

b）检测与评估资料，包括检测单位、检测方法和方案、测试结果、验算书、评估结论、维修与加固建议等。

c）大、中修及重点养护的竣工资料应包括工程的设计资料、各种文本资料及相关验收手续的证明等。凡进行过大、中修及重点养护的单位应在单元养护维修记录表中反映相关内容，所变化的设施量应在单元资料卡中做相应调整。

d）其他动态信息，包括交通量调查数据、重大事件记录等。

13.1.2 高架桥所属结构和设施均应纳入信息与资料管理，不全或缺失的信息应予补齐。

13.1.3 信息与资料应采用实体文档和电子文档两种形式

分别保管,两份资料有区别时应现场核准,无法核准时以实体文档资料为准。

13.1.4 信息与资料应具有实用性、准确性、时效性,发现信息或资料与事实不符应及时改正。

13.1.5 应每年对设施量、管理单元技术状态、沉降量、交通量进行统计,并与上一年数据进行比较,汇总形成报表。

13.2 信息管理系统

13.2.1 管理信息系统应具备信息采集、录入、编辑、审核、存储、检索、报表等功能。

13.2.2 管理信息系统应以高架桥管理单元为基本信息单位。

13.2.3 管理信息系统应以电子资料为基础逐渐予以完善。

13.3 资料管理

13.3.1 在高架桥建设与养护过程中形成的资料应及时归档,并实施统一管理,不得由单位或个人分散保存。

13.3.2 每年设施量统计资料,应根据当年各单元设施量的变化状况进行统计,并与前一年的设施量统计数据做比较,说明变化原因。

13.3.3 每年定期检查评定资料,包括单元定期检查评定、高架定期检查综合评定等。每条高架桥应单独列出,将单条高架桥划分为若干单元,得出单元定期评定后,综合评定单条高架桥的定期检查评定结论。

13.3.4 沉降观测资料应包括沉降初始值、历次沉降变位、观测频率、总体评价等。沉降观测资料应按国家有关大地测量技术规范的要求进行编制,应具有科学性、准确性、及时性,不得随意更改。

13.3.5 年度高架桥技术总体状况评价报告应包括高架桥的当前设施结构安全状况、当年运营状况、当年维修养护总体状况及评价等。

13.3.6 应按附录 B 的要求建立并逐步完善高架桥单元资料卡、单元养护维修记录表等。所有资料卡、记录表应在年底进行调整,准确反映设施量变化情况。

13.3.7 高架设施技术资料应实施计算机管理,并逐步建立高架桥管理系统,实行规范化、网络化、科学化管理。

13.3.8 每年应收集高架桥各种交通量资料,汇总和分析有关数据,以便提供有效的依据。

14 养护检查及验收

14.1.1 高架桥的保养、小修、中修、大修可按宁波市《城市桥梁养护技术规程》和 CJJ 2 进行检查和验收。

14.1.2 桥梁改扩建工程检查与验收应依据新建工程的质量标准进行。

附 录 A

（规范性附录）

高架桥检测仪器和养护设备配置

表 A.1 养护设备配置要求

项目	养护设备	每 25km 保有量
保洁机械	路面清扫车	≥3 辆
	路面吸扫车	≥1 辆
	高架冲洗车	≥2 辆
巡视设备	巡视车	≥2 辆
维修设备	登高车	≥1 辆
	小型铣刨机	≥1 辆
	沥青料保温设备	≥1 台
	小型压实机	≥1 辆
	静音空压机	≥1 辆
	维修工程车	≥1 辆
封道保障机械	封道车	≥2 辆
	防撞车	≥1 台
清障机械	清障牵引车	≥4 辆
除雪与抢险	撒布车	≥2 辆
	清雪车	≥2 台

表 A.2 检测仪器配置要求

检测仪器	保有量	说明
数码相机	≥3套	10倍光变,配三脚架、备用电池
内窥镜	≥2套	可用于观测支座、伸缩装置内情况
超声回弹仪	≥2套	混凝土强度检测
裂缝观测仪	≥2套	混凝土裂缝宽度检测
裂缝深度仪	≥2套	混凝土裂缝深度检测
红外线测距仪	≥1套	测距
漆膜测厚仪	≥1套	测漆膜厚度
全站仪	≥1台	测角精度≤1°

附 录 B
（规范性附录）
高架桥资料卡

表 B.1 城市高架桥基本信息

高架卡号

高架名称：＿＿＿＿＿ 所在路名：＿＿＿＿＿ 跨越( )，( )等级

一般资料	养护单位		上部结构	主梁型式		下部结构	桥墩	型式	
	建设单位			主梁尺寸（宽×高×长）				标高	
	设计单位			主梁数量				盖梁尺寸	
	监理单位			横梁型式				基底标高	
	施工单位			支座型式/数量				底板尺寸	
	建造年月			桥面结构				基桩尺寸/根数	
	结构类型			伸缩缝型式			桥台	型式	
	设计荷载			伸缩缝数量				标高	
	抗震烈度			桥面设计标高				基底标高	
	正斜交角			梁底设计标高				台帽尺寸	
	桥梁跨数			主桥纵坡				底板尺寸	
	跨径组合			主桥横坡				基桩尺寸/根数	
	桥面面积			引桥纵坡				挡土板厚度	
	桥梁总长			拱桥矢跨比				翼墙型式	
	桥梁总宽			总造价				翼墙长度	
	车行道净宽		附属工程	栏杆总长		附挂管线		给水管	
	人行道净宽			栏杆结构				燃气管	
	道路等级			端柱尺寸				电力缆	
	设计河床标高			护岸类型				通讯电缆	
	最高水位			引坡挡墙类型					

审定： 复核： 制表： 建卡日期：

48

表 B. 2　结构简图

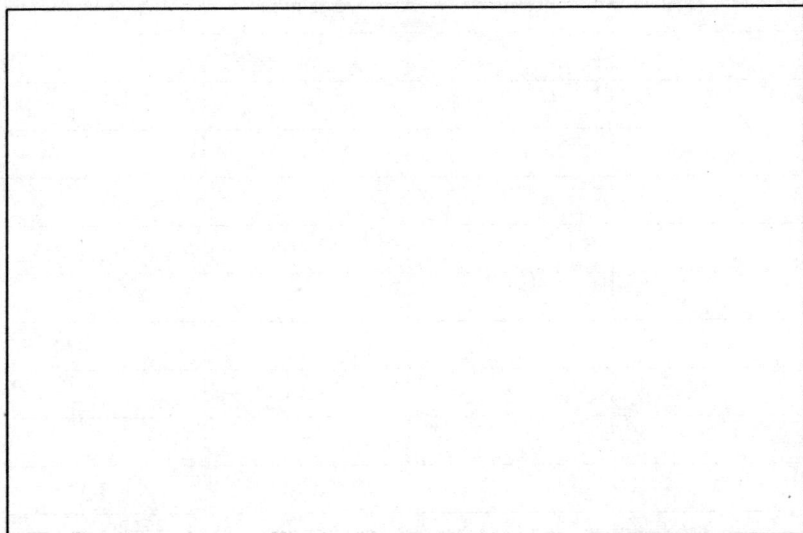

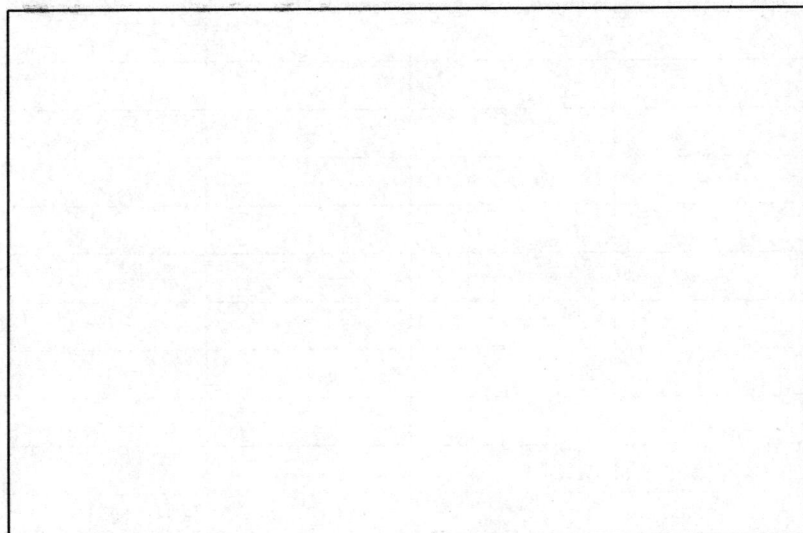

审定：　　　　　复核：　　　　　制表：　　　　建卡日期：

表 B. 3　附照

审定：　　　　　复核：　　　　　制表：　　　　建卡日期：

表 B. 4　检查维修记录卡

维修日期	维修内容	维修单位	质量状况

审定：　　　　　复核：　　　　　制表：　　　　　建卡日期：

附 录 C
（规范性附录）
高架桥日常检查及维修报表

表 C.1 高架桥日常检查及维修报表

高架桥名： 检查日期： 年 月 日 星期： 天气：

检查项目	状况		病害		病害说明	养护建议
桥名牌、限载牌、限高牌	完好		缺损（块）			
限高架	完好		脱焊、开裂、扭曲变形、断裂、锈蚀等			
永久责任牌	完好		缺损（块）			
车行道（桥面铺装）	平整		坑槽、拥包、开裂（m²）			
防撞墙	完好		破损、胀裂、露筋锈蚀、裂缝、外倾等			
声屏障	完好		缺损（m2）			
防眩屏	完好		缺损（块）			
防抛网	完好		缺损（片）			
伸缩缝	完好		缺损（m）			
泄水孔	完好		堵塞（只）			
泄水管	完好		缺损（m）			
保洁	整洁		位置		面积	

检查项目	状况	病害		病害说明	养护建议
墩台	完好	破损、胀裂、露筋锈蚀、裂缝等			
支座	完好	老化、开裂、剪切变形、脱空等			
结构变位	有、无	部位		变异情况	
其他危害					

检查人：　　　　　　　　　　　　　　校核：

维修内容			
维修数量			
完成时间			
复查情况			

维修技术负责人：　　　　　　　　　　复检人员：